D1691972

BAUM AN BAUM

BAUM AN BAUM

LUKAS LAVATER / PETRA RAPPO

Weitab von allem, dort wo sich Wiese und Himmel berühren,
standen eine Tanne und ein Ahorn wie zwei Könige.
Wenn die Sonnentage ihrem Ende entgegen summten und die
blaue Stunde nahte, dann legten sich ihre Schatten weit
über ihr Reich.

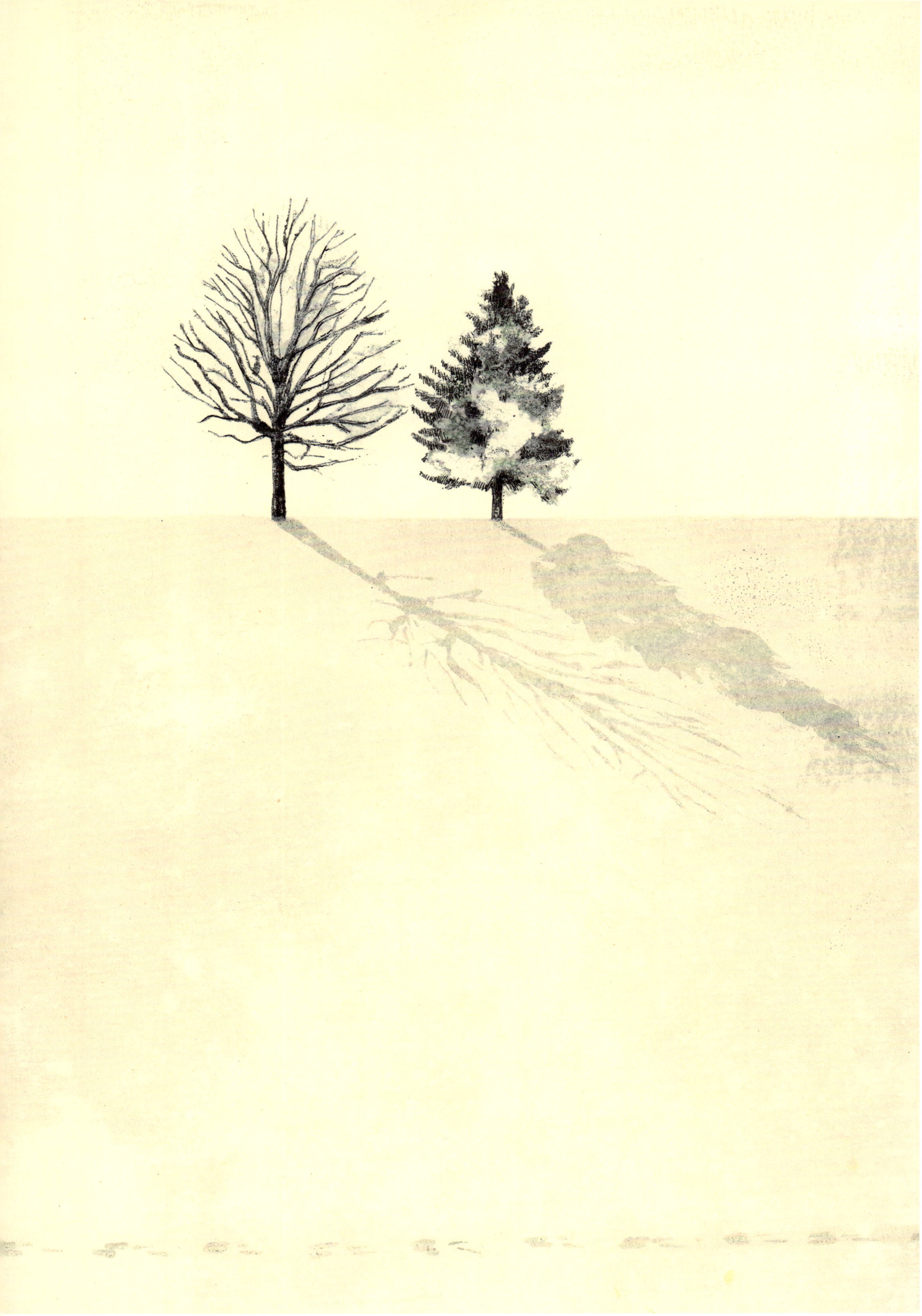

Jeder der beiden Bäume war von einem besonderen Geist
beseelt. Der Geist der Tanne verlieh ihr Beständigkeit.
Der Geist des Ahorns erfüllte diesen mit unbändiger Lebenslust.
Sie hatten einander sehr gern, und doch versuchte einer den
andern zu übertreffen.

Der Ahorn hielt sich für den wahren König, weil er eine
Baumspitze höher als die Tanne emporragte. Die Tanne dagegen
war stolz auf ihr frisches Immergrün und foppte den Ahorn
jeden Winter wegen seiner kahlen Nacktheit. Der Winter war
ihre Jahreszeit.

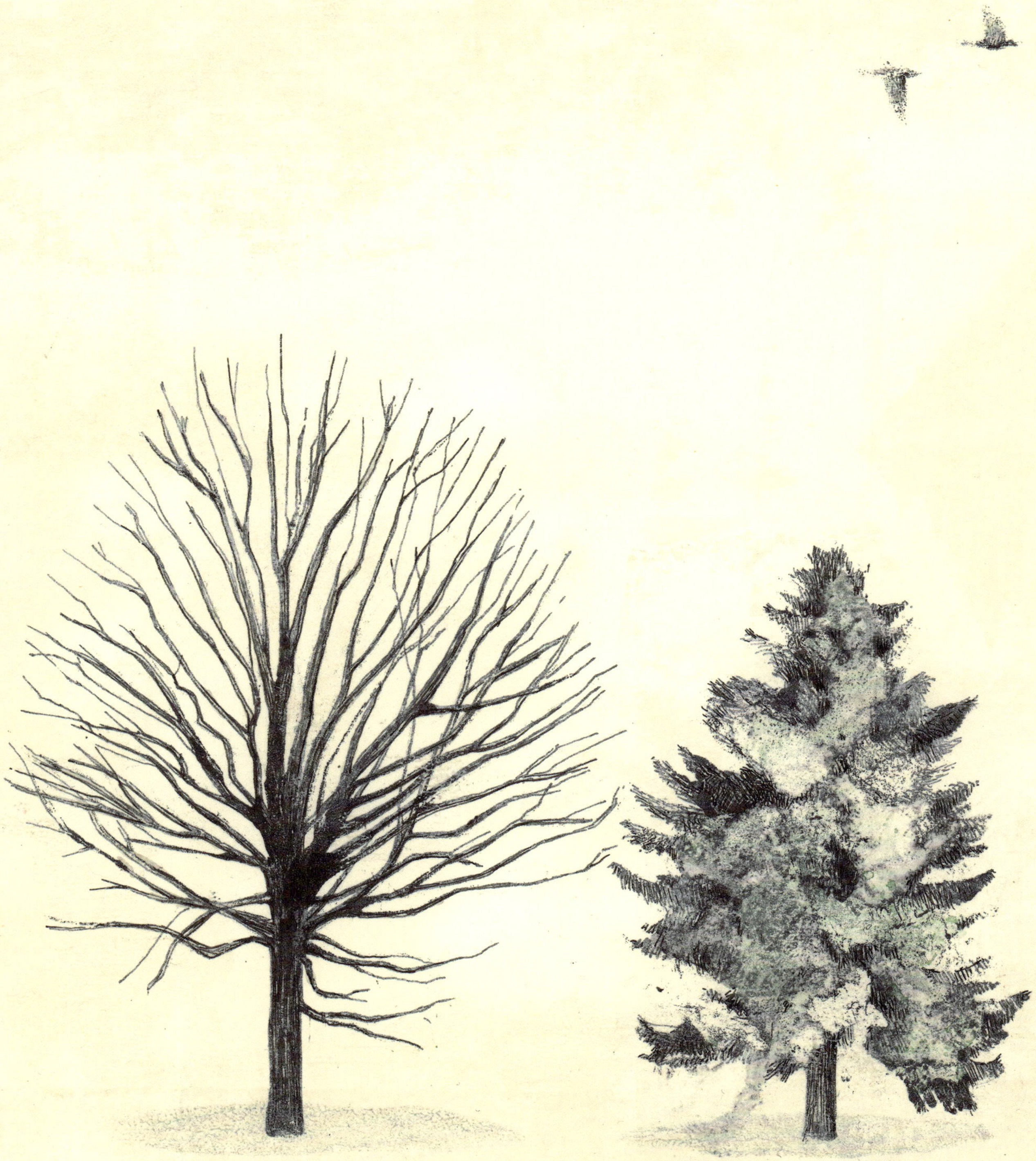

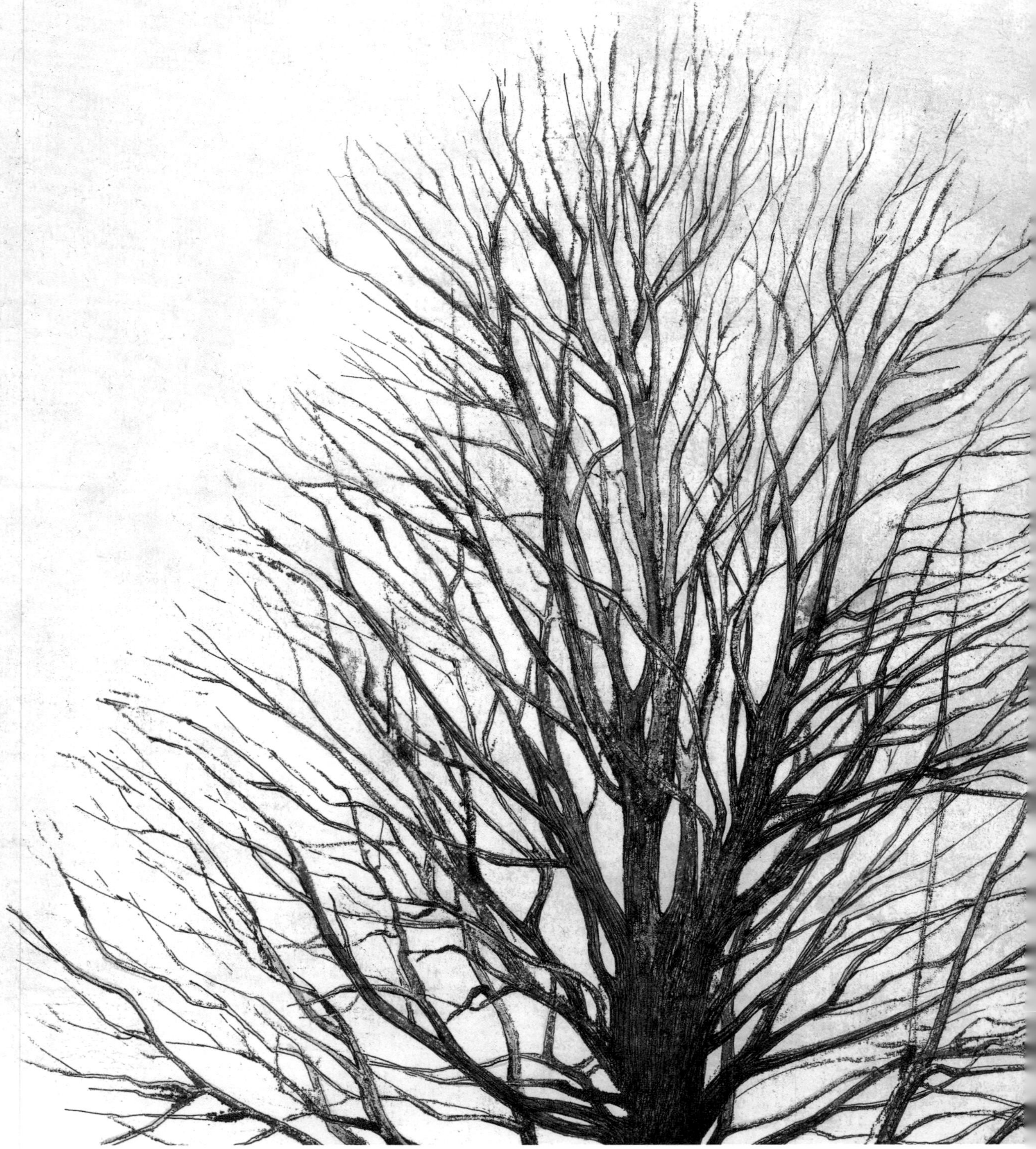

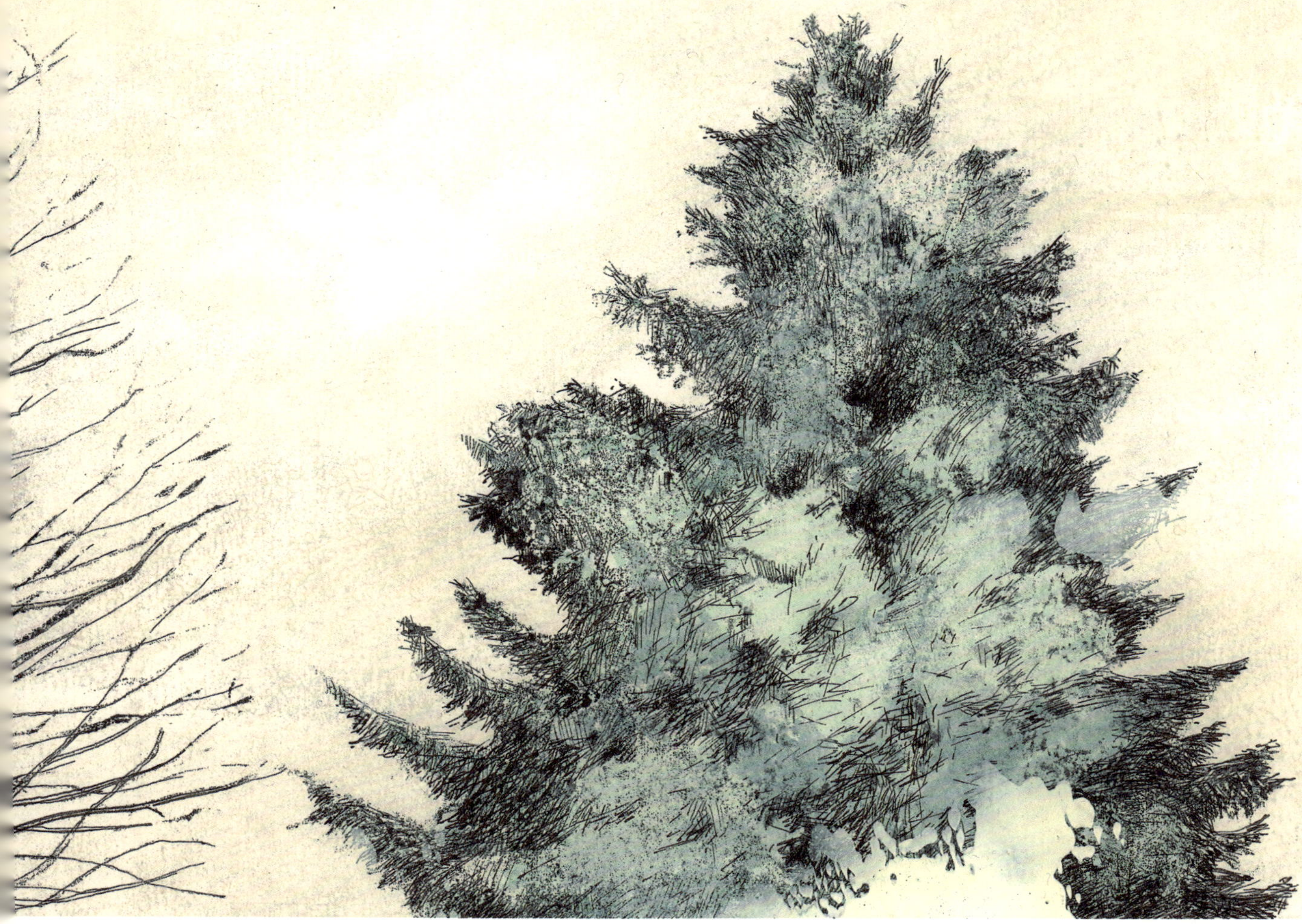

Doch mit jedem Frühling erwachte der Ahorn aus seinem Winterschlaf. Sein Blütenkleid entfaltete sich, und die leuchtenden Farben zogen alle Blicke auf sich. Und die ersten Insekten tranken aus seinen Kelchen, während noch der Schnee lag.

An solchen Tagen blickte die Tanne zufrieden auf ihr Wurzelwerk. Das märchenhafte Geflecht bot Zuflucht vor Wind und Wetter. Maulwurf, Maus und Igel, ja selbst Fuchs und Hase fanden hier Unterschlupf. Die Tanne freute sich am bunten Treiben dieser lebendigen Schar. Und in der Nacht wachte sie über ihren Träumen.

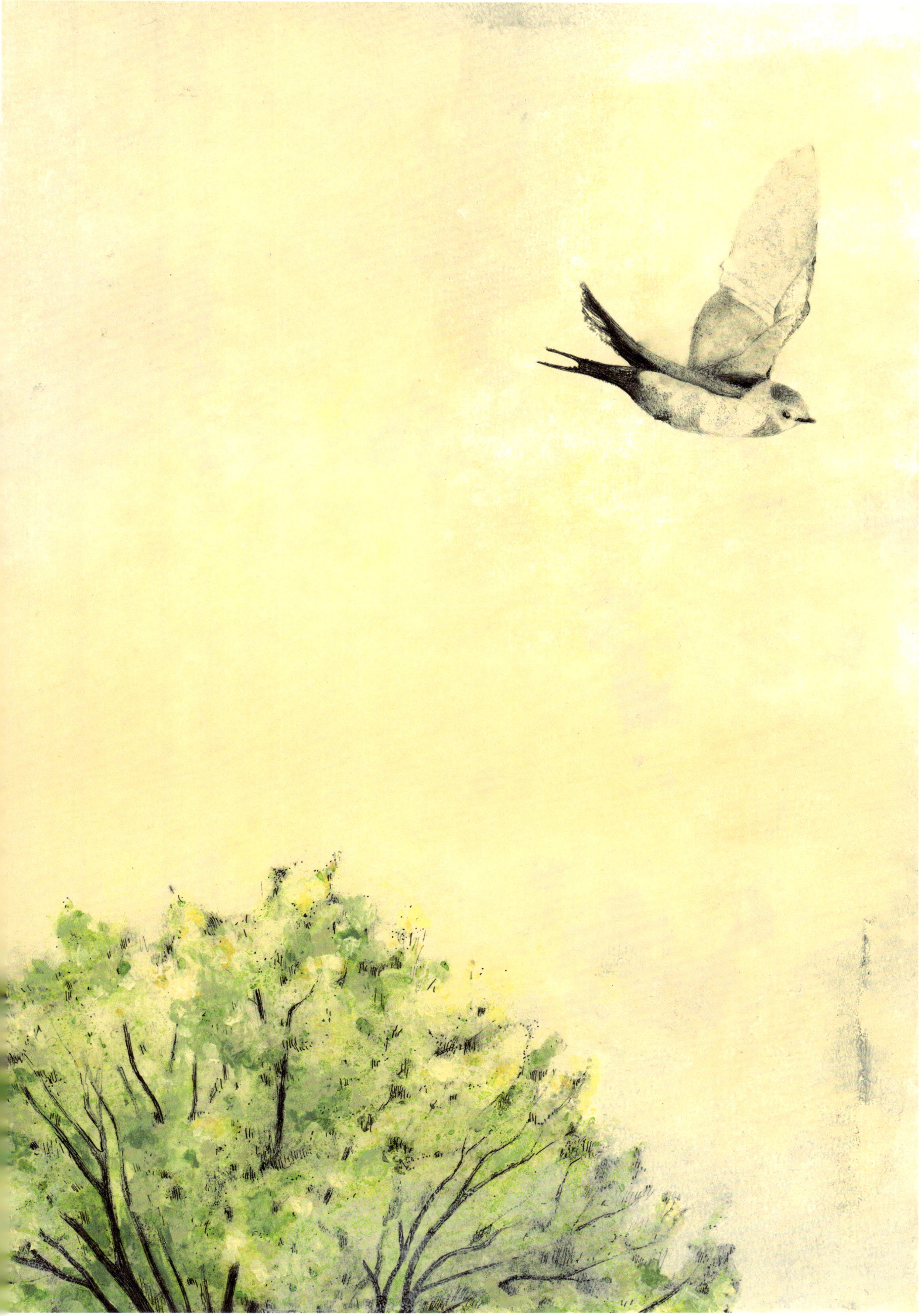

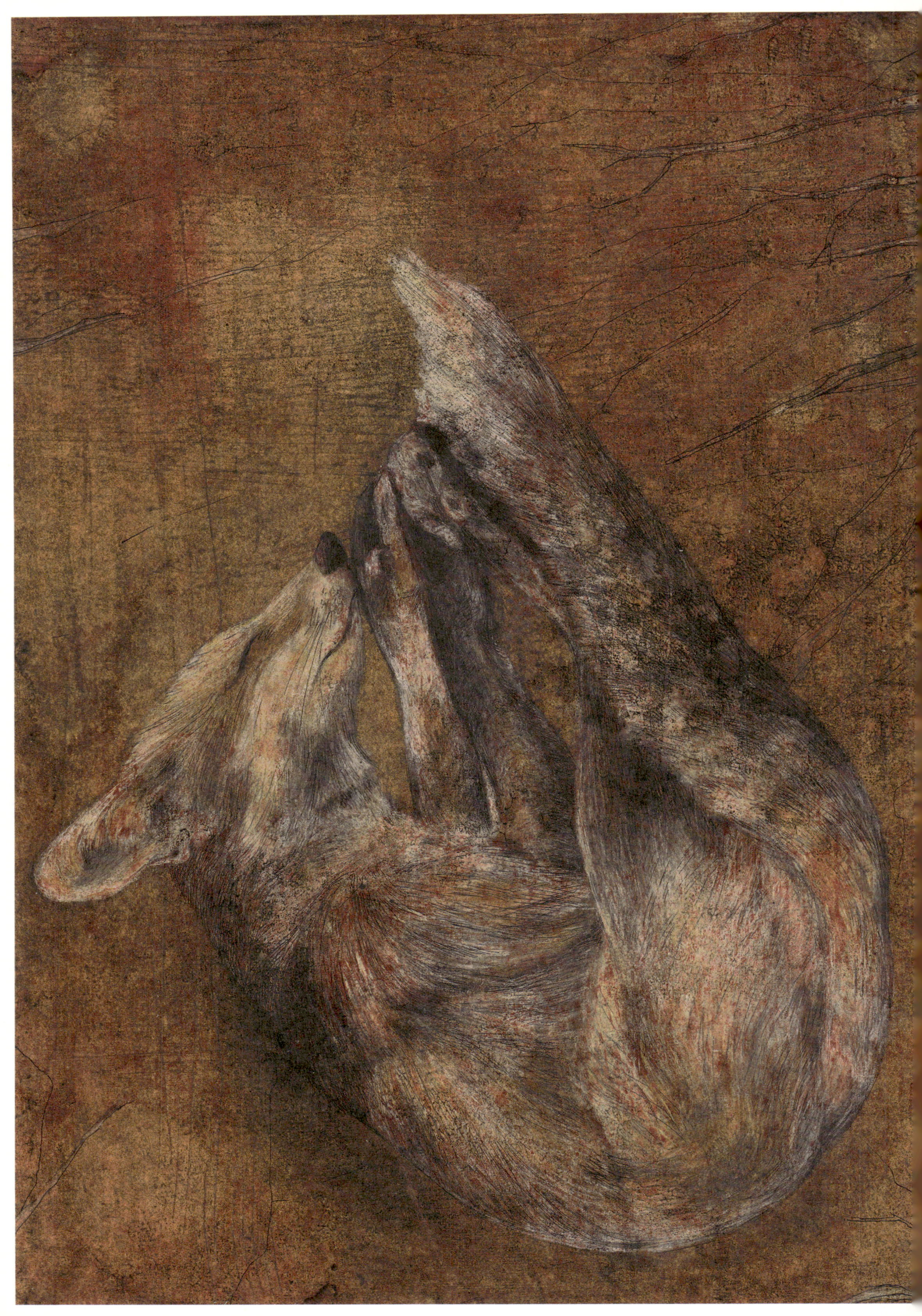

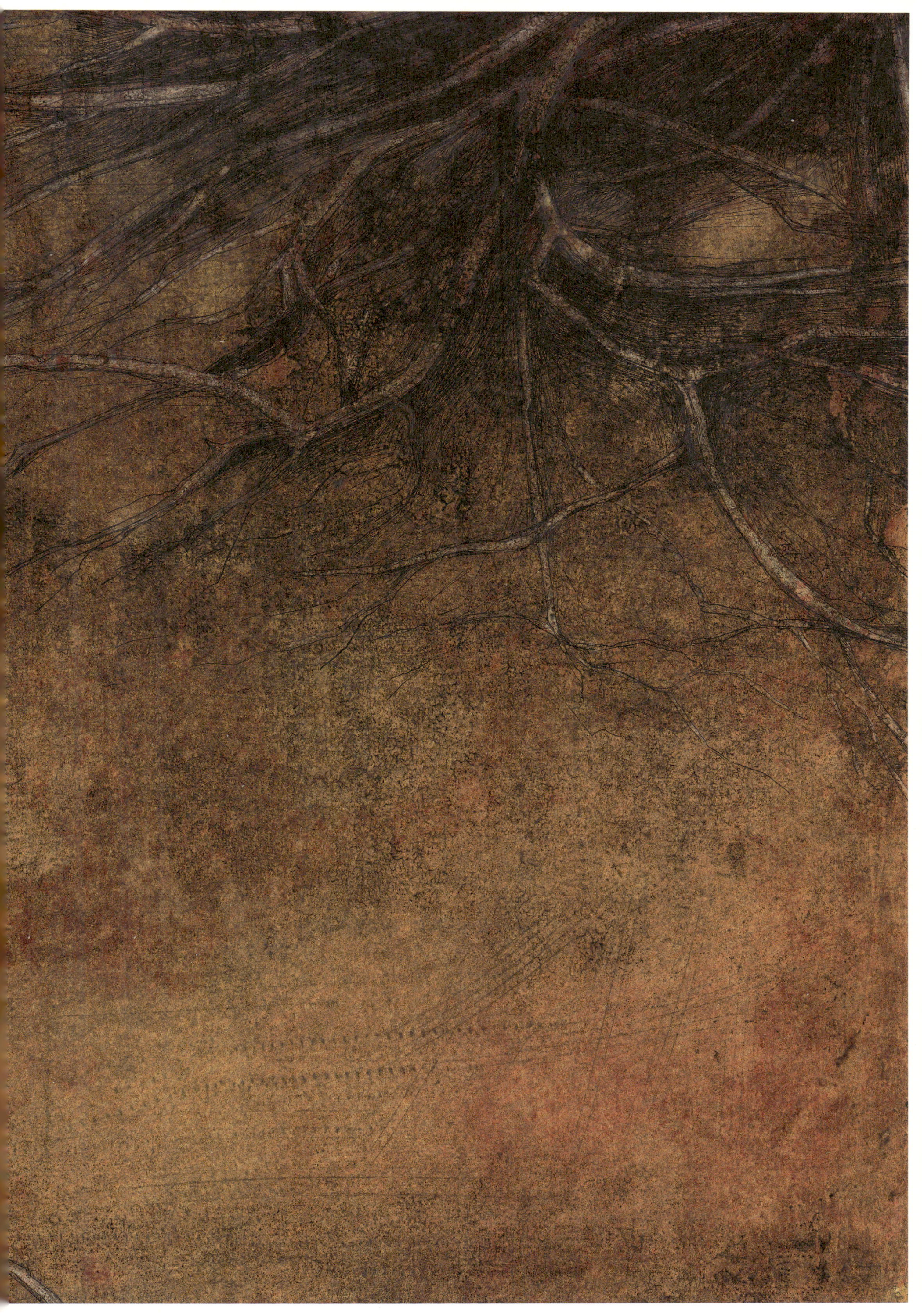

Doch was war das gegen den Anblick des Ahorns im
Sommer? Wenn seine Früchte wie geflügelte Luftgeister herab-
schwebten. Oder wenn Kinder sich aus diesen Flügeln lange
Nasen machten. Selbst die Sonne lachte vom Himmel herab und
legte ihre warmen Strahlen über den munteren Reigen.

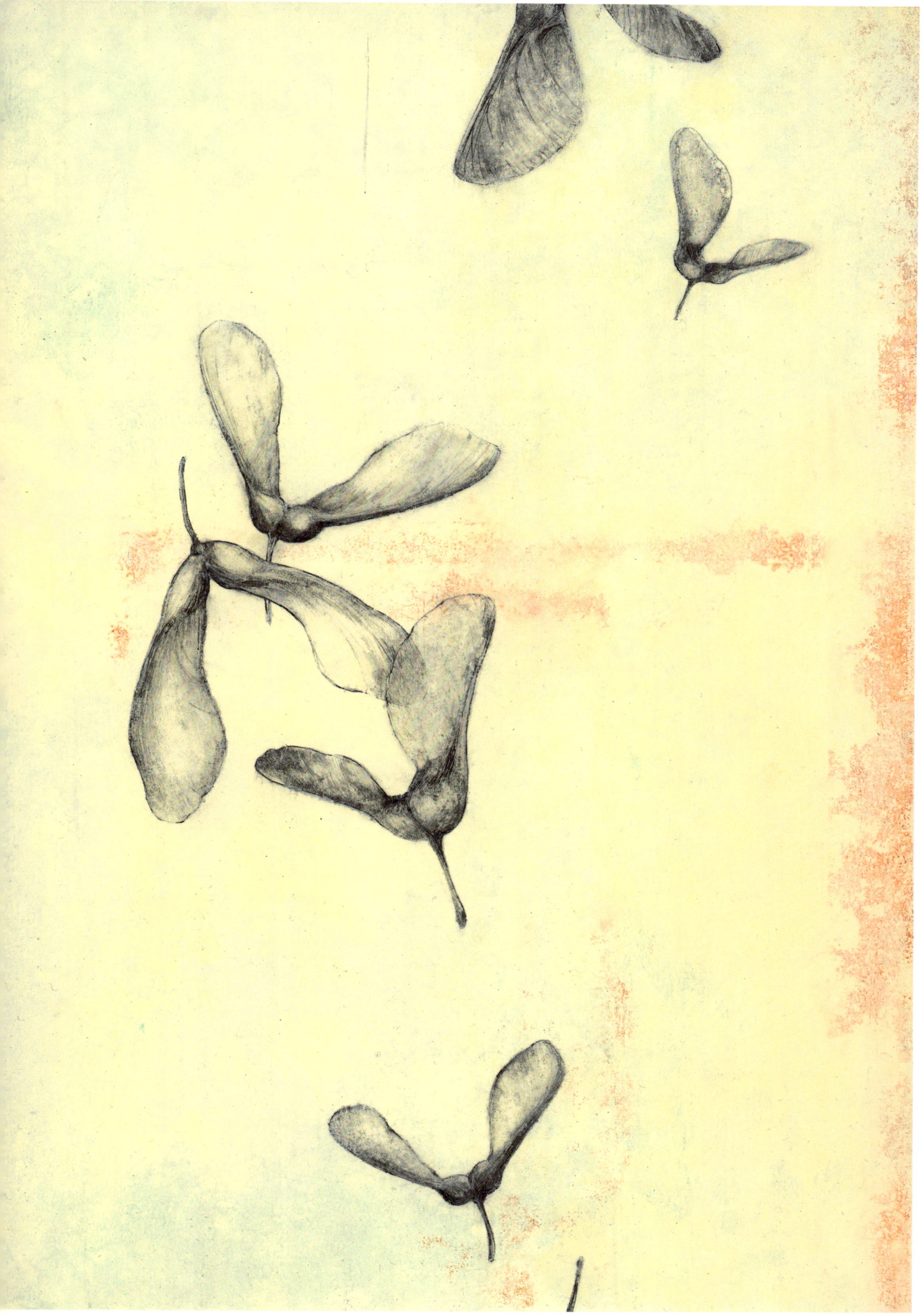

Wenn aber der Sommer glühte und das Land versengte,
kam wieder die Stunde der Tanne. Mensch und Tier versammelten
sich unter ihrem nadelgrünen Dach. Und die Tanne spendete
voller Stolz ihren kühlen Schatten.

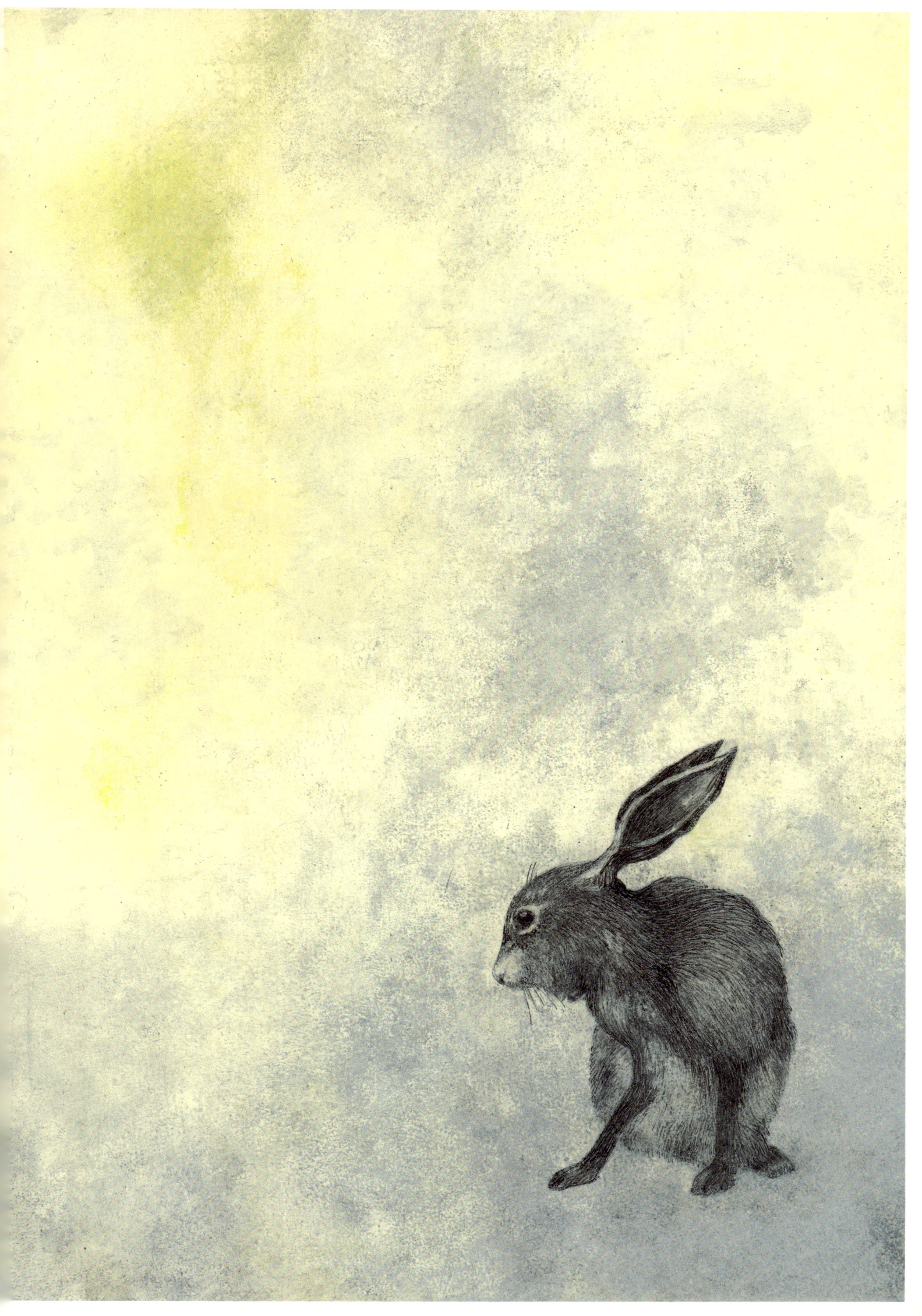

Nur manchmal wandten sich die beiden Bäume einander
zu und klagten sich ihr Leid. Wenn die Tanne sich vor
den wandernden Borkenkäfern fürchtete. Oder wenn Läuse
die Blätter des Ahorns überfielen, und ihr Saft in klebrigen
Tropfen an ihm herablief. Und für kurze Zeit herrschte Einigkeit.

Doch kaum zog der Herbst ins Land, war es damit vorbei.
Der Ahorn legte sein leuchtendstes Kleid an, und der Tanne
blieben nur sehnsüchtige Blicke auf den Farbenrausch,
der alles überstrahlte.

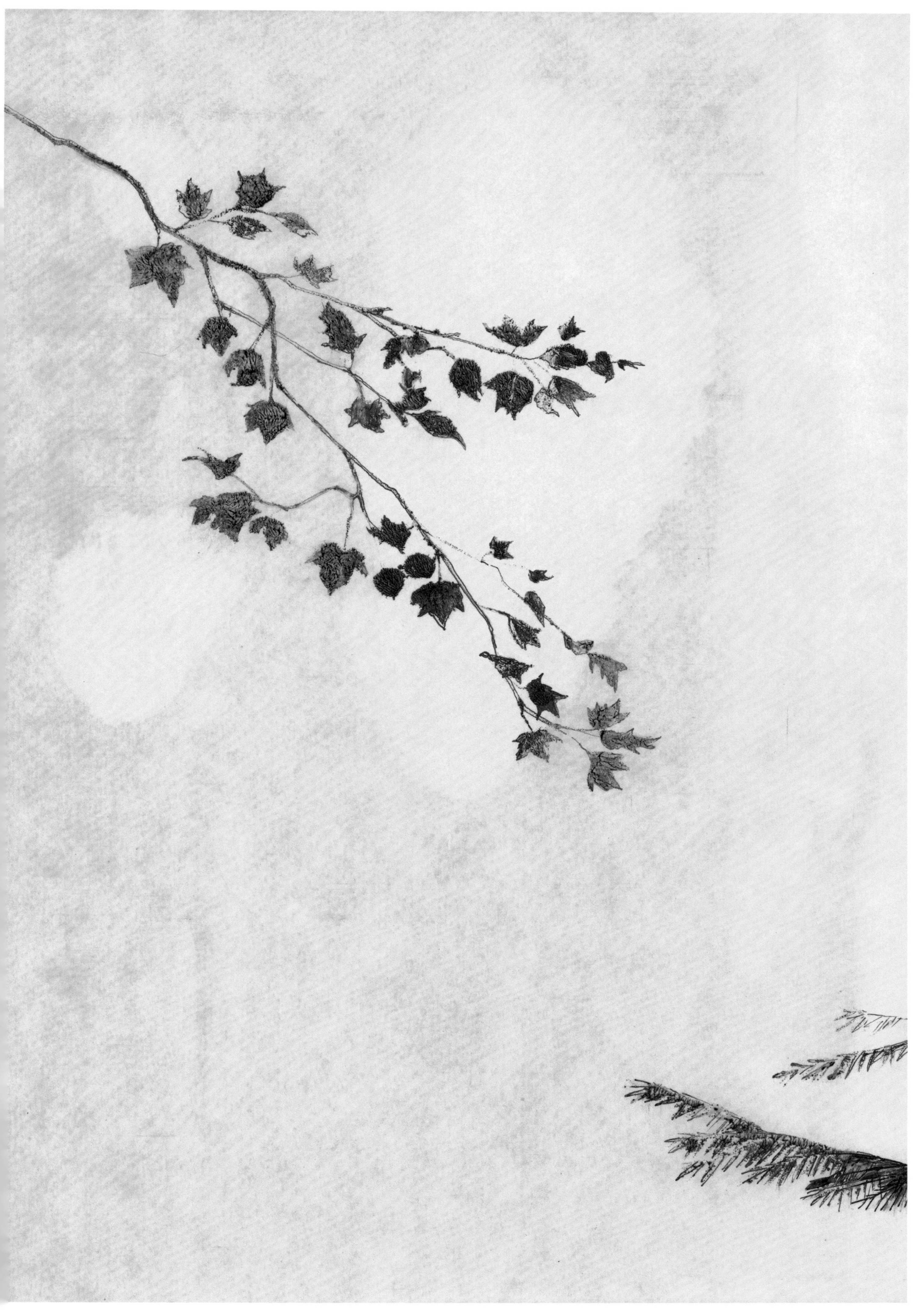

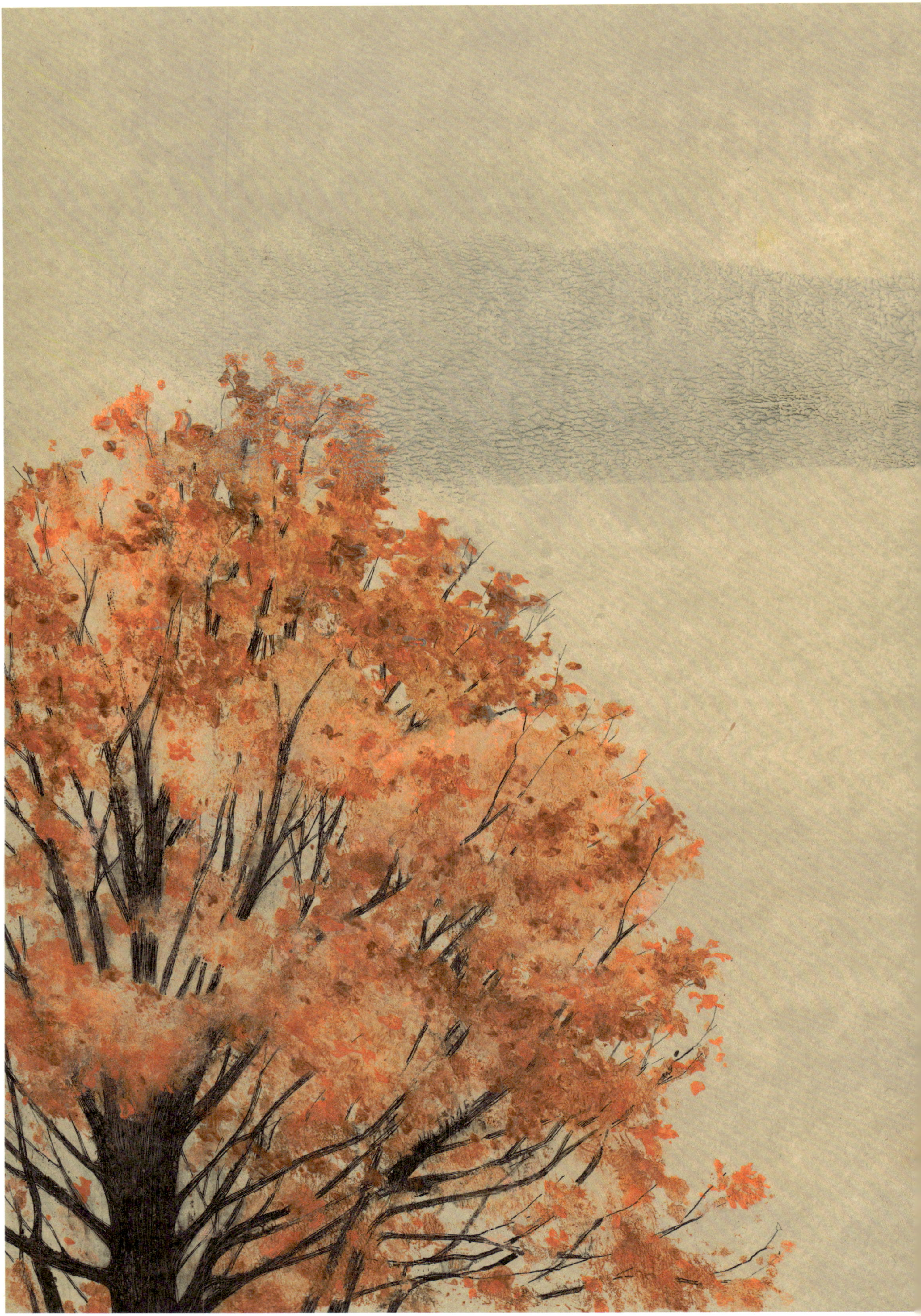

Die Tanne tröstete sich mit den vergrabenen Schätzen
zwischen ihren Wurzeln. Dort hatten die Eichhörnchen von nah
und fern ihre Vorräte gesammelt. Und sie freute sich, weil
keines von ihnen im nächsten Winter Hunger leiden musste.

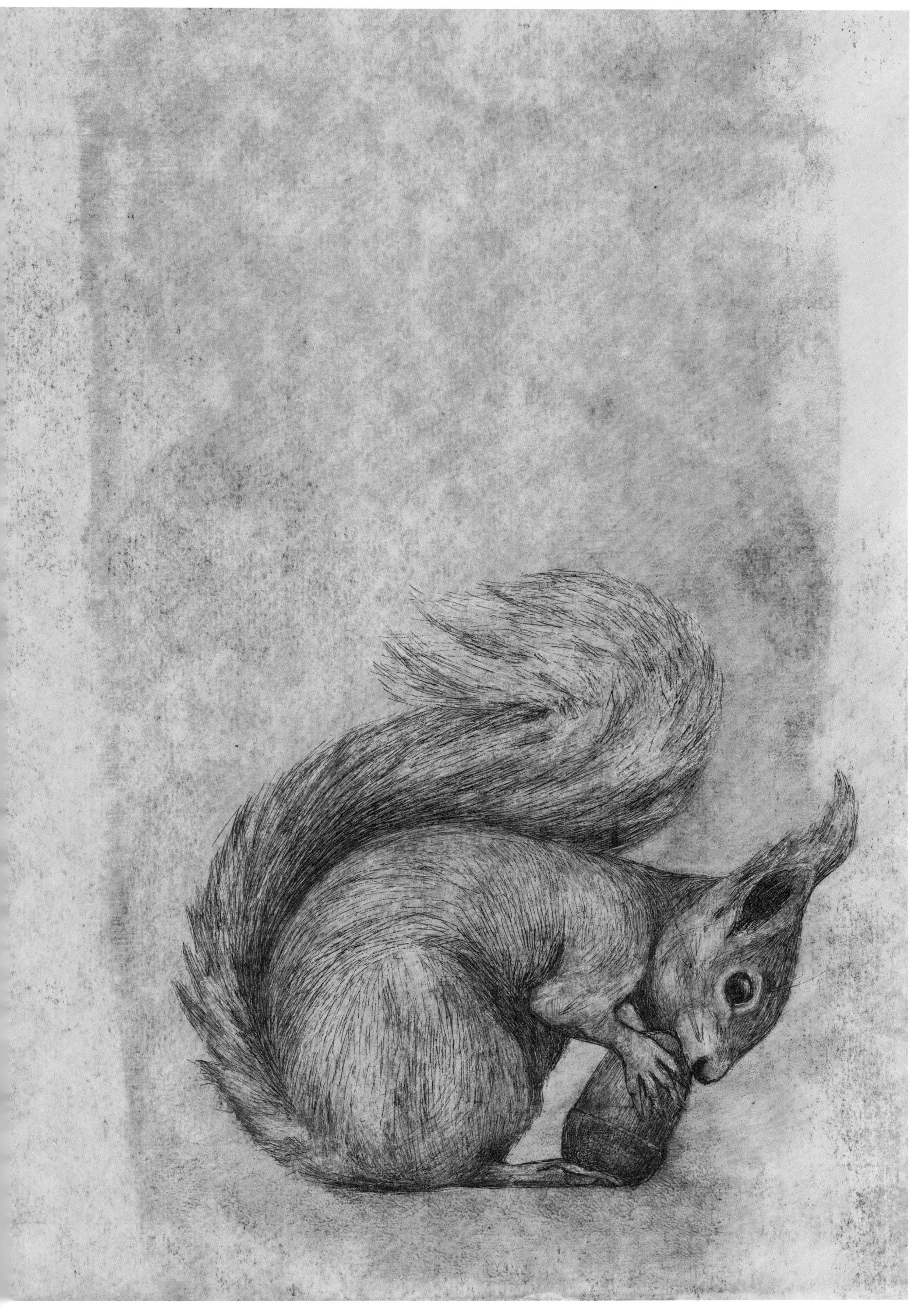

Eines Nachts, an der Wende von Herbst und Winter,
zog ein Sturm übers Land. Eine Windböe fuhr mit entsetzlicher
Kraft in den Ahorn, riss ihn aus seinen Wurzeln und warf ihn
gegen die Tanne. Obwohl der Ahorn dabei die Spitze der Tanne
abbrach, schützte er sie doch vor der Wucht des Sturms,
und die Tanne blieb stehen.

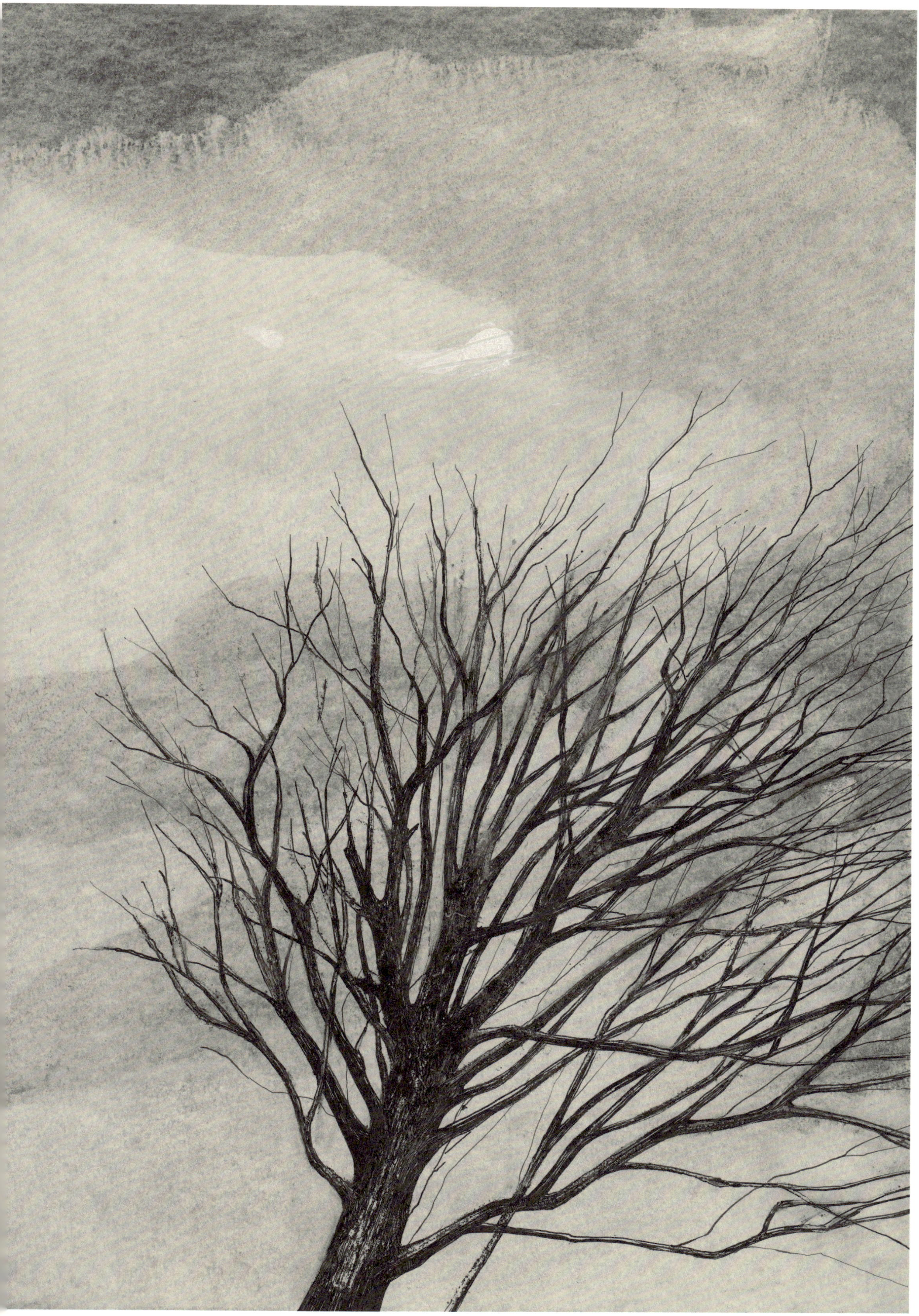

Am nächsten Morgen bot sich ein Bild der Verwüstung. Der Ahorn hing zerborsten in den Zweigen der Tanne. Und ringsum bedeckten Zapfen, abgebrochene Äste, Laub und Nadeln den Boden. Verstört versuchten die beiden Pflanzenwesen einander zu trösten. Der alte Streit aber hatte mit diesem Sturm ein jähes Ende gefunden.

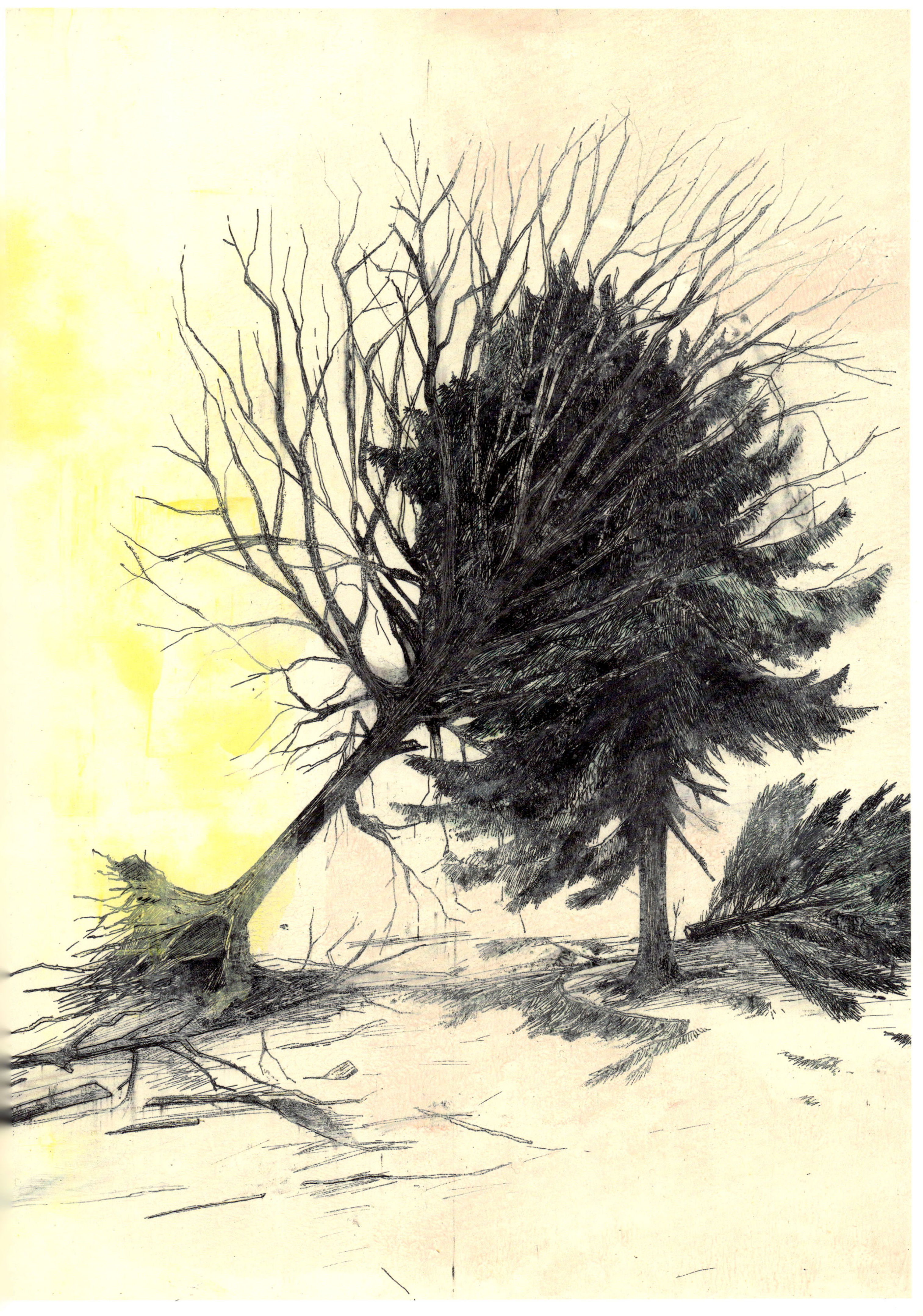

Endlich kehrte der Frühling zurück. Zartes Grün überzog
die Zweige der Tanne. Doch im Ahorn regte sich kein
neues Leben. Das Blütenfest blieb aus. Traurig barg die Tanne
ihren Freund im Schatten ihrer Krone. Über ihnen aber zog
der Vollmond seine leuchtende Bahn und tat sein stilles Wunder.
Sanft richteten sich die obersten Triebe auf und wandten
sich dem Mondlicht entgegen.

Als der Morgen dämmerte, hatten sich Tanne und
Ahorn vereint. Zwei Spitzen wuchsen nun aus einem Stamm,
der mit den Jahren wieder seine alte Grösse erreichte.
Ein Baum, von zwei Geistern beseelt.

Herausgegeben von HoLa Gartengestaltung
Bernhard Hofer und Lukas Lavater
Langmattweg 3, CH-4123 Allschwil
www.holagarten.ch

2. Auflage, November 2017

Copyright Text © 2015 by Lukas Lavater
Copyright Illustrationen © 2015 by Petra Rappo
Copyright © holapress, Allschwil 2015

Lektorat: Christopher Zimmer, Basel
Illustrationen, Gestaltung und Satz: Petra Rappo, Basel
Typografische Beratung: Thomas Dillier, Basel
Lithografie: mustera, Andreas Muster, Basel
Druck: Druckerei Grammlich, Pliezhausen
Bindung: Buchbinderei Lachenmaier, Reutlingen

ISBN 978-3-033-05183-6
Printed in Germany